LE DESPOTISME

EN ÉTAT DE SIÉGE.

LE DESPOTISME

EN ÉTAT DE SIÉGE,

ou

LA ROYAUTÉ SANS PRESTIGES.

Par M. DEBEAUFORT (de la Charente),

Avocat.

Tobe, or not tobe ; that is the question
Etre ou n'être pas , tel est la question.
SHAKESPEARE.

PARIS,

AU PALAIS-ROYAL,

Et chez tous les MARCHANDS de NOUVEAUTÉS.

—

1820.

LE DESPOTISME

EN ÉTAT DE SIÉGE.

Jusqu'a quand le despotisme trouvera-t-il donc des bouches assez souillées de turpitude, pour oser le proclamer en principe, et des bras qui ne craignent pas de se prostituer à le défendre ? par quelle magie, à l'aide de quels prestiges, peut-il intéresser à sa conservation, des facultés dont la première destination est de l'empêcher de naître ou de l'extirper à jamais du sein des sociétés ?

Pour tous les hommes, cependant, qui ne sont pas inabordables à la raison, la liberté devrait être un besoin, comme elle est un droit inattaquable pour l'universalité des êtres. Elle est le pivot, seul inébranlable, sur lequel roule tout le globe social. Elément nécessaire de notre existence, et l'une de ses plus brillantes prérogatives, elle seule l'embellit et la protège. Sans elle, il ne saurait exister de bonheur pour nous, puisque le bonheur ne réside que dans la vertu, et qu'il n'est point de vertus possibles pour les esclaves. L'existence, si elle ne repose sur la liberté, n'est qu'un don stérile et qui bientôt peut nous échapper. En effet, la nature nous a accordé autant de facultés pour jouir, qu'elle nous a permis de jouissances; et ces jouissances, nous ne devons pas craindre de le dire, séparées de leurs abus, ne sont pour nous que des modes de conservation.

Eh bien! si nos facultés cessent d'être notre propriété exclusive, qu'elles fassent partie du domaine d'un maître, que d'instrumens nécessaires qu'elles sont de la satisfaction de nos besoins, elles deviennent ceux du caprice, de la passion ou de la cupidité; qu'un despote puisse à son gré nous en interdire l'usage, ou nous le prescrire dans une mesure contraire aux vœux de la nature, quelles espérances peuvent survivre en nous à la perte de notre liberté, seul garant de l'exercice indépendant de ces facultés? quels droits nous restent-ils encore à la vie, quand nous avons fait le sacrifice de tous les moyens de la défendre et de la conserver?

N'hésitons donc point à soutenir que le despotisme est incompatible avec les soins que nous devons à notre existence, et que s'y résigner, quand on peut le détruire, n'est qu'un acte de démence ou de lâcheté et non de vertu. La vertu ne vit que par la liberté, elle repousse les chaînes. S'y vouer serait consentir à sa destruction, et cette abnégation serait un crime.

Reste donc qu'il n'y a qu'un homme qui soit atteint d'une complète désorganisation morale, ou dont l'ame soit inaccessible à toutes les inspirations du courage, qui puisse ne pas mieux aimer se mettre actuellement en présence d'un danger, qu'il peut surmonter, que de se soumettre, ou de demeurer soumis, pour toujours peut-être, au plus vil, au plus abject, au plus dégradant comme au plus redoutable des états, à l'asservissement de toutes ses facultés physiques et morales.

Cependant nous l'avons déjà dit, le despotisme compte encore, dans un siècle de lumières, des apologistes et des défenseurs ; comment cela se fait-il ? ne serait-ce point qu'il oppose à ses nombreux titres de proscriptions, pour les neutraliser ou du moins les affaiblir, des bienfaits d'un ordre supérieur envers l'humanité?

Oui, sans doute, nous lui sommes redevables de bienfaits signalés, et ces bienfaits ne nous trouvent point ingrats : nous reconnaissons sans effort qu'en absorbant les volontés de tous dans une seule, il prévient des dissidences qui peuvent volcaniser les ames et les disposer aux premières impressions de la haine ; que l'asservissement à un joug commun établit entre tous les membres de la société, un nivellement qui est une image assez fidèle de l'égalité tant vantée de la nature : que l'inflexible sévérité des peines derrière laquelle le chef du gouvernement retranche son autorité, remplit les ames d'une terreur bien salutaire, sans doute, si elle parvient à étouffer en elles ce besoin de changement, cette inquiétude dont la brûlante activité les dévore, et à comprimer des élans qui, s'ils ne sont pas enchaînés à temps, peuvent commencer et même consommer des révolutions ; qu'une législation peu compliquée met les cœurs vertueux à l'abri du remord, en les plaçant, dans la recherche de leurs devoirs, hors des atteintes de l'erreur. (C'est la multiplicité des lois qui met l'esprit en danger de s'égarer ; et n'on a pas besoin de lois et de lois prévoyantes sous un gouvernement où la volonté du souverain (1), modifiée dans son objet par le besoin des circonstances, renferme, à elle seule, tous les élémens législatifs.) Enfin, qu'un code simple dans ses règles et borné dans son étendue, la salutaire habitude et la nécessité d'une obéissance passive, portent au plus haut degré de promptitude et d'infaillibilité la répression des délits et l'exécution des lois (2).

Voilà je crois tous les bienfaits par lesquels le despotisme se recommande ; nous ne les lui contestons pas ; mais que ne laisse-t-il à la mort le soin de les répandre sur nous ? car ainsi que

---

(1) Nous ne croyons pas pouvoir nous permettre l'emploi du mot souverain, pour désigner le roi ou le chef du gouvernement, sans rappeler que nous parlons ici la langue du despotisme. Ce n'est que dans cette langue qu'on peut l'appliquer ainsi, sans en fausser l'acception. Sous un pareil système d'administration politique, si le chef n'est pas souverain de droit, il l'est de fait.

(2) Nous ne pouvons pas résister au désir de mettre sous les yeux de nos lecteurs le tableau des charmes du despotisme, tracé par un ancien prévot et un des plus chauds partisans des idées monarchiques.

« Alors (sous le règne du despotisme ancien), alors

lui, elle uniformise toutes les volontés en les anéantissant. Sous l'empire de l'un comme de l'autre, il n'existe point entre les hommes de parties saillantes et d'inégalités. La mort ne comprime pas les ames, mais elle y éteint le sentiment, et du moins ne laisse plus de prise à la douleur, si elle les enlève au plaisir. Elle aussi fait régner sur la terre cette paix dont le despotisme s'honore, et qui n'est pas le calme du bonheur, mais l'absence du mouvement et de la vie. C'est le sommeil des tombeaux, et plutôt encore le silence terrible des prisons où les longs soupirs des malheureux, s'absorbant dans leurs cachots, ne retentissent point à l'extérieur. Le code de la mort n'est pas moins simple que celui du despotisme, il se réduit à sa volonté : si elle ne punit pas les délits,

---

« point de lenteur, point d'excuse, point de révolte
« possible; heureux temps où, même dans le plus
« vaste empire, les rouages de la machine politique
« étaient d'une simplicité admirable, et où l'autorité
« royale exerçait partout son action sans retard, sans
« entraves, *sans abus,* sans murmures, et n'était pas
« réduite, comme de nos jours, à *confier* une partie
« de son pouvoir à des agens subalternes qui le tra-
« hissent quelquefois, et qui bien souvent manquent
« de zèle, de lumière et de mesure. »

elle les prévient, et sous ce rapport encore elle est moins odieuse que lui.

Si le despotisme n'a pour nous gouverner d'autre titre que les prétendus bienfaits, qu'il s'exile donc au plutôt de la terre ; il ne saurait pour s'y maintenir, combattre à la fois avec succès, nos lumières et notre instinctive avidité du bonheur.

Mais écoutons encore ses apologistes ; ils nous diront qu'il repose sur une base plus solide ; qu'ouvrage de la nature, elle s'inté-resse à sa conservation, et impose en sa fa-veur à nos consciences un religieux respect et une implicite obéissance. Quoi ! le despo-tisme serait une mission de la nature ! mais le despotisme est un instrument de mort pour l'espèce humaine, et la nature, au contraire, ordonne qu'elle vive. Ce nouveau moyen ne saurait faire fortune dans un siècle éclairé. Les idées théocratiques (1) ne conservent rien au-jourd'hui sur nous de leur antique empire. Elles ne nous paraissent plus en faveur du trône,

-----

(1) Nous ne pensons pas que les mots théocratie et nature soient étonnés de se trouver ensemble. En parlant de la nature, nous lui associons inséparable-ment l'idée de son auteur, c'est-à-dire de la puissance,

de l'autel, ni même de l'autorité domestique, cet écueil redoutable devant lequel devaient se briser à jamais toutes les résistances, même les plus légitimes, à l'oppression. Pour ceux-là même qui voudraient que nous crussions encore qu'ils ont reçu du ciel le droit de tenir la terre asservie, elles ressemblent à ces momies mal conservées, qui, pendant leur vie, ont fait mouvoir la foudre à leur gré, et auxquelles maintenant on n'ose pas toucher dans la crainte de les faire tomber en poussière.

Tous les fauteurs du despotisme prétendent bien encore, il est vrai, replacer, même violemment, s'il le faut, notre respect sur les gothiques institutions, pour la conservation desquelles on nous représentait, si plaisamment, le ciel toujours sous les armes : mais ce n'est plus au nom d'idées surnaturelles, qu'ils commandent notre obéissance. Si quelquefois encore ils en invoquent le nom si révéré autrefois et si dédaigné de nos jours, ce n'est qu'avec une circonspection qui fait bien, il est vrai, la satire de leur bonne foi, mais qui honore

---

quelle qu'elle soit, créatrice et conservatrice de l'univers. Les idées que présente le mot théocratie, se rattachent également à cette puissance.

leur prudence. Ils n'osent plus s'en faire une amulette contre les atteintes des lumières et de la raison. Le charme est levé pour toujours. Toutes les traditions théocratiques sont maintenant reléguées parmi les contes merveilleux dont les nourices, dans les longues soirées d'hiver, repaissent l'avide crédulité de leurs enfans. Nous avons laissé loin derrière nous, ces temps de fabuleuse mémoire, où le ciel, en communication avec la terre, lui imposait, par forme sans doute de fléaux expiatoires, des maîtres dont la mission, outrageante pour l'humanité, échappait par la hauteur de son origine, à la nécessité de se prouver elle-même, et à toute espèce de responsabilité envers nous. Lassés de tenir nos regards fixés vers le ciel pour n'y lire que de sinistres destinées, nous avons resserré l'horizon où ils s'égaraient, nous les avons rapprochés de nous, nous n'interrogeons plus que la terre ou plutôt que l'ensemble des êtres qui la peuplent et nous-mêmes. C'est ainsi seulement que nous apprenons tout ce qu'il nous importe de savoir, notre destination. Au défaut de révélation positive, nous pouvons la déduire de celle qui est fixée à tout le système animal.

Mais ce n'est pas encore ici le moment d'en parler ; poursuivons : si le despotisme ne peut, pour se maintenir, se réclamer ni de ses bienfaits ni d'une origine céleste, car il est formé de tous les miasmes les plus impurs de l'enfer, ne pensons pas qu'il se tienne encore pour battu : il lui reste un dernier retranchement, derrière lequel il nous défie avec arrogance, parce qu'il s'y croit inexpugnable. Ce retranchement, le croira-t-on ? C'est la *légitimité*. La légitimité ! Si à ce mot se rattachait quelqu'idée solide, il faudrait bien en admettre les affreuses conséquences et nous y résigner. Ce serait si l'on veut un fléau ; mais un fléau contre lequel on devrait s'interdire toute résistance. On lutte en vain contre la vérité. Mais nous ne sommes pas réduits à mettre ainsi les maux du despotisme sur le compte de la nature. La légitimité n'entre dans aucune de ses combinaisons : formée d'élémens hétérogènes et incohérens entre eux, elle n'a point d'existence réelle. Elle n'est qu'une conception du délire qui s'évanouit devant la réflexion. Mais pour en donner une idée plus précise, tâchons de la définir.

La légitimité, dans l'acception la plus usuelle

de ce mot, est l'attribut de tout ce qui se forme sous la direction des lois soit naturelles soit ci- viles, et de leur aveu. Un enfant jouit au sein de sa famille et dans la société, des honneurs at- tachés à la légitimité, lorsqu'avant sa naissance, les auteurs de ses jours ont rempli les condi- tions auxquelles les lois civiles subordonnent l'œuvre de notre reproduction : de même nous reconnaissons pour légitime, tout sentiment qui, par sa nature et ses autres circonstances cons- titutives, est en rapport avec la cause directe à laquelle il se rattache; car alors il est né sous l'influence de la loi naturelle, qui n'est que la somme de tous les rapports possibles.

Maintenant, si nous faisons aux rois l'appli- cation des idées que nous venons de présenter sur la légitimité en général, nous ne pourrons reconnaître en eux les caractères de cette lé- gitimité qu'autant que les lois civiles ou natu- relles n'ont pas frappé le pouvoir qu'ils exer- cent, du sceau de la réprobation, ou plutôt qu'elles le couvrent de leur protection.

Car c'est seulement l'existence de ce pou- voir qui constitue en eux la dignité de rois ; et pour ainsi dire, mais en sens contraire, ils naissent à la royauté sous son influence, comme un être passé du néant à la vie lorsque tous les élémens de son existence sont dans un état simultané de fermentation.

On nous objectera peut-être que la légitimité des rois ne présente aucune idée commune avec la légitimité appliquée aux relations de famille, ou à toutes abstractions quelconques; qu'elle n'est pas un attribut du pouvoir, mais seulement du droit de le recueillir à titre d'héritage : et, de suite, sans s'embarrasser de la nature de ce pouvoir, qui n'est pour les fauteurs du despotisme légitime qu'une circonstance oiseuse, on définira la légitimité royale, la successibilité, consacrée par les lois, aux attributs de la royauté; ou en d'autres termes, on représentera la successibilité au pouvoir comme le principe seul constitutif de la légitimité : cette assertion pourrait séduire des hommes dont l'esprit ne se nourrit que d'aperçus superficiels, ou dont le cœur porte déjà le cachet de l'esclavage ; mais il ne saurait faire impression sur des amis éclairés de la liberté. Il ne présente en effet à l'œil observateur qu'un cercle vicieux qui ne résiste point à l'épreuve de l'analyse.

On ne peut nier que les êtres physiques ou abstraits qui n'ont qu'une existence relative, ne soient subordonnés dans leur caractère dis-

tinctif à la chose avec laquelle ils sont en rapport, c'est-à-dire, à l'élément qui complète
leur existence, puisque sans cet élément, ou ils
ne seraient pas du tout, ou ils seraient autres
qu'ils ne sont. Vainement donc on voudrait
séparer l'idée de ces êtres de celle de la chose
qui est pour eux comme une seconde puissance créatrice. L'isoler serait la détruire; elle
s'y rattache inséparablement.

Maintenant analysons la successibilité.

La successibilité est un droit; on ne nous le
contestera pas; elle en a tous les caractères. Or
on ne saurait concevoir un droit sans une relation à quelque chose, qui en soit l'objet et
sur laquelle il s'exerce. C'est une seconde vérité
qui n'a besoin que d'être présentée pour opérer la plus entière conviction et qui trouve
accès dans tous les esprits.

Mais comme il n'y a point de relations possibles ni de rapports de génération entre la
vie et le néant, il faut de toute nécessité que la
chose qui forme le terme auquel le droit doit
aboutir ait plus qu'une existence fantastique
et imaginaire ; il faut qu'elle fasse réellement
partie des êtres que renferme la nature : autrement le droit n'existerait pas, il lui manque-
rait un de ses élémens.

2

On nous objectera peut-être contre cette proposition, qu'un droit, lorsqu'il est surmonté par une force physique, et, comme tel, paralysé dans ses effets, n'en a pas moins de réalité, quoiqu'il ne puisse atteindre à sa fin; et qu'ainsi, on doit assimiler le cas où cette fin n'existe pas, et celui où des obstacles puissans se sont interposés entre elle et le droit dont elle est la partie complétive.

On ne pourrait, sans tomber dans une étrange erreur, confondre ces deux hypothèses. Ce qui n'existe pas, ne peut ni fonder ni compléter une chose quelconque : le néant ne se féconde pas. Au contraire une chose qui existe et qui est la fin d'une autre, imprime à celle-ci par le seul fait de son existence, le cachet de la vie. L'existence de ces deux choses, en supposant qu'une force ennemie et puissante s'élève contre elle, est nécessairement antérieure à cette force, plusqu'autrement celle-ci les eût empêché de naître : or l'existence d'une chose est un fait, une vérité; et il n'est point de force qui ne soit impuissante à faire qu'une chose qui est, ne soit pas. Un droit reçoit donc le sceau de la perfection du seul fait de l'existence de son objet ; mais aussi à l'existence de cet objet est attachée celle du droit.

Il reste donc enfin prouvé que la succes-sibilité des rois absolus doit avoir un élément complétif dout l'existence soit réelle et non pas une simple idéalité ; et cet élément , c'est le pouvoir , puisque c'est par lui seul qu'ils sont rois. Mais le pouvoir arbitraire appartient-il réellement à la classe des êtres existans , ou n'est-il point une chimère ? Nous allons ré-pondre à cette question.

Un des premiers moyens que nous suggère la raison pour substituer la certitude ou doute sur l'existence d'une chose , c'est , sans con-tredit, de rechercher si cette chose a une cause connue , ou du moins possible , et si , dans la première hypothèse , il existe entre elle et sa cause putative , ces rapports nécessaires qui se trouvent toujours entre la chose produite et le principe générateur ; car où il n'existe pas de cause, il n'y a pas d'effet possible , et une cause supposée n'en est pas une.

En commençant des recherches sur la réalité de l'existence du pouvoir arbitraire , nous ne serons pas embarrassés à lui trouver une cause apparente. Rien de ce qui touche les hommes n'est étranger aux lois naturelles ou positives. Nous ne reconnaissons qu'elles pour puissance créatrice de toutes nos institutions. Il ne nous reste donc qu'à chercher dans l'idée constitutive de ces lois, si elles ont ou non de l'aptitude à enfanter le despotisme. Cette question est de la plus haute importance, et nous devons, pour la résoudre, réunir toutes les forces de notre attention. Elle est pour nous l'alternative de la vie ou de la mort.

Commençons par les lois naturelles. Le pouvoir que réclament les rois sur nous, est-il leur ouvrage ? ou en d'autres termes, la nature, car les lois qui portent son nom ne sont que l'expression de sa volonté sur nous, la nature nous a-t-elle imposé des maîtres ? Le croire serait un outrage pour elle, l'assurer serait un blasphème odieux. Non, elle n'a point voulu qu'il existât des hommes pour qui les autres ne fussent qu'un vil troupeau. Le pouvoir des despotes est une saillie, une inégalité injurieuse pour l'humanité, et la nature n'en reconnaît point. Il suffit, pour nous en convaincre, de tracer une rapide esquisse de la vie humaine, nous y verrons avec quelle impartiale égalité, tous les hommes ont été traités.

Si quelquefois l'organisation qui leur est commune, varie d'individu à individu, elle ne diffère tout au plus entre eux que par des nuances si faibles et si insensibles, que souvent elles échappent à l'analyse. Le cercle de la vie n'est pas pour tous, il est vrai, d'une égale durée ; mais sous tout autre rapport, et c'est-ici la seule considération qui soit de quelque importance, il est entr'eux d'une constante et rigoureuse uniformité : dans tous il a pour centre commun, l'amour indélébile du bonheur ou plutôt de la conservation ; et pour points de circonférence invariablement fixés, les circonstances de forces ou de faiblesse, les goûts, les erreurs et les vertus qui sont propres à chaque âge et qui le caractérisent. L'aurore de la vie, sa maturité et son terme, la nature les a fait les mêmes pour tous les hommes : tous sont également soumis, en naissant, à traverser l'enfance, c'est-à-dire, cet état dont la durée se marque par la nullité presqu'absolue des facultés physiques et intellectuelles. Arrivés à la jeunesse, il n'en est aucun qui ne subisse l'empire des passions dont elle est l'époque, et qui ne s'abreuve à longs traits à la coupe des illusions ; trop heureux encore quand les erreurs qui lui échappent ne sont pas de nature à traîner le remord à leur suite. La maturité de l'âge porte en tribut à tous, l'expérience de leur passé, des spéculations plus sages pour leur avenir, un jugement plus sûr, une raison dont

la sphère d'activité n'est plus guère susceptible de s'agrandir , enfin des vertus et des
vices qui ne sont que des modifications d'un
égoïsme plus concentré. La vieillesse , à son
tour, associe tous les hommes, sans distinction,
aux biens et aux maux qui composent son domaine ; et soit , que riche de souvenirs , elle
goûte tous les fruits d'une longue expérience,
et joigne les jouissances du passé à celles
du présent, ou qu'elle ressente déjà les atteintes de la décrépitude ; et que le voisinage
de la mort la refoule vers les faiblesses de
l'enfance, elle n'est pas moins pour tous un
état qui accompagne invariablement le terme
naturel de la vie.

Le despote le plus altier, en comparant les
hommes dans les diverses circonstances de la
vie sera donc obligé de reconnaître qu'aucun
d'eux, sans s'excepter lui-même, ne porte le cachet de la supériorité sur ses semblables, et le
diplôme du pouvoir ; car nous ne croyons pas
qu'il soit jamais tenté de présenter comme tels
les légères inégalités physiques et morales que
nature a laissé échapper entre eux ; ce serait
supposer entre ces deux choses une liaison qui
de toute évidence n'existe pas. Et pour nous
servir des expressions du philosophe genévois,

ce serait prétendre que ceux qui commandent valent nécessairement mieux que ceux qui obéissent , et que la force du corps ou de l'esprit se trouve toujours dans les mêmes individus en proportion de la puissance ou de la richesse ; assertions que nous ne serions pas surpris de trouver dans la bouche d'un Caligula, mais auxquelles on ne peut opposer que le dédain. Qui ne sait pas que tel homme qui occupe un trône, et dont le règne n'est qu'un long cours d'outrages à la raison et à l'humanité pourrait, d'un mauvais roi, devenir un utile artisan , s'il échangeait les attributs de la royauté contre le modeste séjour des ateliers , et que tel autre, au contraire, couvert de la livrée de l'indigence et enveloppé dans le tourbillon des malheureux, pourrait, s'il était placé au premier rang de la société, donner des preuves d'une supériorité prononcée de raison et de l'héroïsme de toutes les vertus.

Nous ne nous arrêterons pas plus long-temps à justifier la nature, du crime d'avoir elle-même forgé nos chaînes. Nous croyons en avoir assez dit pour les hommes qui cherchent la vérité de bonne foi , et nous n'en pourrions jamais dire assez pour les autres. Mais notre tâche ne nous paraîtrait qu'imparfaitement remplie, si nous ne prouvions que le despotisme, loin d'être l'ouvrage de la nature, n'est pour elle qu'une puissance rivale ou plutôt ennemie, qui l'outrage dans une de ses plus belles parties, l'espèce humaine, ne s'alimente que de ses pertes, et n'existe que sur ses ruines. C'est en analysant les vues éternelles de la nature sur l'espèce humaine, comparées avec les effets du despotisme que, sans crainte de nous égarer, nous pourrons trouver la preuve de ce que nous avançons.

La vie n'est pour tous les êtres qu'un espace plus ou moins long à parcourir; mais pour les espèces, c'est une éternité toute entière. Tous les individus viennent successivement payer leur tribut à la mort; les espèces seules échappent à la loi de la destruction. Nous ignorons quand elles ont commencé d'exister; mais tout nous induit à croire que, contemporaines de l'univers, elles ne doivent cesser qu'avec lui.

Du moins est-il certain qu'elles étaient, à leur naissance, destinées à fournir une longue carrière, puisqu'elles ont déjà franchi tant de siècles, et que le ressort de la vie ne paraît pas se relâcher pour elles.

Pour leur faire remplir cette destination dans toute son étendue, la nature a dû retenir dans ses mains le fil auquel leur existence était attachée ; autrement elles auraient pû la rompre au gré de leur caprice et disparaître de l'univers.

Mais quel est donc ce fil qui les enchaîne à la vie ? il nous importe de le connaître : dès que nous l'aurons découvert, semblable à celui d'Ariane, il nous dirigera infailliblement, à travers les ténébreuses sinuosités du doute, vers la connaissance de la fin que la nature a préposée à tous les êtres ; car cette fin ne saurait être qu'un moyen pour les espèces de remplir leur destination, c'est-à-dire de vivre,

Eh bien ! ce fil qu'il ne nous est pas permis de toucher, mais que nous pouvons au moins parcourir de l'œil, ce fil irréfragable pour toutes les forces terrestres, c'est l'amour de la conservation, inéfaçablement empreint dans tous les êtres.

Principe conservateur et vivifiant, l'instinct qui nous attache à la vie, se divise dès sa base, si nous osons le dire ainsi, en deux branches fécondes qui se ramifient à l'infini, l'une est l'amour du plaisir, et l'autre, la haine de la douleur : ces deux sentimens qui nous prennent à notre naissance et ne se séparent de nous qu'à notre mort, sont les oracles qui nous révèlent toute notre destination. Le plaisir nous attire et nous enchaîne près des objets qui nous le font goûter. La douleur nous repousse, et nous tient éloignés de tout ce qui en porte en soi le principe :

Or, le plaisir réside dans toutes les choses qui ont avec nous des rapports d'utilité; c'est-à-dire qui favorisent notre conservation ; et la douleur, au contraire, accompagne celles dont l'effet serait de contrarier ou d'arrêter le cours de notre existence. Ils sont l'un et l'autre comme un fanal qui en éclairant les écueils où nous pourrions nous briser, nous découvre la route que nous devons tenir pour arriver au terme de notre voyage : ou peut-être même rendrions-nous mieux l'idée qu'ils présentent, par celle d'une barrière qui, élevée entre la route et les écueils qui la bordent, des deux côtés, dans toute sa longueur, ne nous permet aucune déviation.

Mais ils ne se bornent pas seulement à nous forcer de parcourir le cercle de la vie dans tous les points de la circonférence; ils nous soumettent encore à la multiplier en la communiquant à d'autres êtres de notre espèce; car résister à la puissance d'attraction que chaque sexe exerce sur l'autre, c'est se refuser à l'attrait le plus vif et le plus irrésistible du plaisir, et s'exposer aux maux par lesquels la nature se venge des contradictions qu'on oppose à ses vues. Ainsi se conserver et se reproduire sont la double destination imposée à tous les êtres. La nature marque le point où commence leur existence ; elle se réserve exclusivement de marquer celui où elle doit finir, et fixe, dans sa durée, un intervalle où elle devra se féconder.

Mais en leur assignant une place dans l'univers, elle a dû leur départir une organisation appropriée à la fin pour laquelle elle leur imprimait le sceau de la vie ; autrement c'eût été, en leur fixant une destination, leur refuser les moyens de jamais la remplir, c'eût été opposer elle-même à elle-même ; inconséquence dont la supposition serait un blasphême. Tous les êtres apportent donc à la vie des moyens suffisans de conservation et de reproduction, ou plutôt de conservation seulement, car se reproduire n'est en quelque sorte que se conserver.

Ici nous devons resserrer le cercle des objets soumis à notre analyse. Nous ne chercherons point dans chaque espèce animale quelles facultés elles ont reçues de la nature. Nous ne réveillerons point l'interminable dispute sur l'ame des bêtes : qu'elles aient ou non des idées et la faculté de les combiner ensemble, il nous suffit de savoir qu'elles existent, et que les êtres qui les composent jouissent d'une existence indépendante les uns des autres, pour être convaincus que chacun d'eux est doué de tous les moyens de la soutenir. Nous n'arrêterons nos regards que sur nous, pour chercher si, moins heureux que le reste des êtres, nos facultés ne sont pas en rapport avec nos besoins, et si la nature nous a soumis à un ressort de direction qui existât hors de nous.

L'homme a deux espèces de facultés, les unes physiques, qui sont les organes de ses sens, et les autres morales qui ne sont que des modifications des premières, et qui exercent sur elles une puissance directrice.

On ne conteste pas à nos facultés physiques d'être en proportion avec nos besoins. Jamais despote n'a offert le secours de ses bras au laboureur qui épuise ses forces à fatiguer une terre stérile.

On rend moins de justice à nos facultés morales. Des hommes qui ont intérêt de les calomnier, les représentent comme insuffisantes à leur destination ; et dans l'accès de leur zèle intéressé, ils substituent violemment les leurs aux nôtres, sans songer qu'ils n'ont ni plus de sens ni plus d'organes que nous, et que si notre raison est susceptible d'erreurs, la leur ne nous présente aucune garantie d'infaillibilité. Et si nous osons assurer que nous sommes satisfaits des dons que nous a faits la nature, et qu'ils correspondent à la fin pour laquelle elle nous les a accordés, ces hommes armés d'une bienveillance à l'épreuve de toute espèce de contradictions, ne voient dans nos discours que des aberrations qui réclament toute leur sollicitude. Ils ressemblent assez bien en cela aux médecins orgueilleux autant qu'ignorans de Molière qui ne trouvent dans le refus que fait M. de Pourceaugnac, de très-comique mémoire, de se reconnaître atteint d'un mal qu'il n'a pas, qu'un nouveau symptôme de l'existence de ce mal, et fatiguent une santé dont il jouit dans toute sa plénitude, sous le ridicule et odieux prétexte d'opérer en lui une guérison dont le besoin n'existe pas.

Que nos médecins, j'ai presque dit nos charlantans couronnés, ne se scandalisent pas d'une comparaison dont les deux termes se correspondent si exactement ; elle n'a rien d'offensant pour eux que sa vérité même. Qu'ils renoncent à nous poursuivre de leurs homicides secours, et les traits du gentilhomme limousin cesseront de nous convenir.

En attendant qu'il nous soit permis de donner la preuve que la mesure de raison dont nous jouissons est en rapport avec la fin pour laquelle elle nous a été donnée, nous la trouverons dans l'analyse même de nos facultés morales.

On n'ignore plus aujourd'hui que pour tous les êtres de l'espèce animale, la vie ne se compose que de deux facultés; sentir et se mouvoir.

Nous savons également que les deux facultés ont pour ressort unique d'activité, les organes physiques.

De ces deux vérités nous sommes naturellement amenés à déduire cette troisième; que les organes sont tour à tour des principes de sensations et des principes de mouvemens.

Comme principes des sensations, ils exercent sur tout notre être une puissance de direction; ils sont pour nous une force attractive ou répulsive, suivant que c'est le plaisir ou la douleur qui les affecte.

Comme principes de mouvemens, ils exécutent eux-mêmes ceux qu'ils nous prescrivent pour nous conduire vers de nouvelles sensations.

Considérés sous ce dernier rapport, nos organes portent le nom de facultés physiques.

Comme agens de la faculté de sentir, ils prennent celui de faculté morale.

Ces deux espèces de facultés émanent, comme on le voit, du même principe. Elles ont nos organes pour tige commune, elles ne sauraient par conséquent être inégales en force, puisque où la cause est la même, les effets ne peuvent être différens.

D'ailleurs, et nous raisonnons ici dans le système qui rattache l'esprit à un principe immatériel, comme dans celui qui fait du moral une modification du physique; d'ailleurs, disons-nous, il existe en mécanique une loi générale qui trouve son application dans notre hypothèse : c'est que le mouvement est toujours en raison de la force qui meut.

Or, diriger est exercer une puissance motrice ; exécuter est un mouvement. Si la direction est irrégulière, faible ou sans énergie, l'exécution doit être atteinte des mêmes vices, et alors elle ne sera plus en harmonie avec nos besoins ; alors les facultés dans les attributions desquelles se trouve cette exécution , ne concourront plus utilement à la conservation de notre être , et nous périrons si une force étrangère ne supplée la nôtre.

Nous ne sommes pas exposés à ce danger : nous avons déjà vu que les détracteurs les plus passionnés de notre raison, reconnaissaient en nous une capacité physique qui ne restait jamais en deçà de sa destination. Nous ne devons pas être plus sévères pour nous que nos ennemis même , et nous croirons sans hésiter que nos moyens physiques de conservation correspondent avec nos besoins : mais s'il en est ainsi, et que nos moyens empruntent toute leur force des facultés morales , il serait souverainement absurde d'accuser celles-ci d'insuffisance, puisqu'elles remplissent la fin pour laquelle elles ont été créées.

S'il est vrai que notre raison présente un degré de force et d'étendue qui la rende susceptible de protéger notre conservation , nous ne craindrons pas d'avancer que, nous en interdire l'usage , pour en substituer à sa place un autre, quand celle-ci ne lui est pas évidemment supérieure , serait une usurpation dont l'effet trop inévitable doit être la dissolution de notre existence.

Dans tous les instans de notre vie, dans toutes les circonstances où l'on puisse nous supposer, dans toutes les positions et les attitudes possibles, nous sommes en relation avec les choses : elles frappent quelques-uns de nos sens, et nos sens éprouvent une impression de douleur ou de plaisir. Ellaborée dans notre ame, si nous osons le dire ainsi, et combinée avec d'autres, cette impression se modifie diversement et devient le génie inspirateur qui détermine toutes nos résolutions, ou, en d'autres termes, qui fixe le choix des moyens pour arriver à une situation meilleure.

Veut-on nous placer sous une direction étrangère à notre raison? ou cette direction sera conforme aux inspirations de notre volonté, ou elle s'en écartera en quelque chose.

Si elle s'y rapporte, alors elle est inutile; notre volonté est un guide assez sûr et ses ordres sont des oracles auxquels nous n'aurons garde de désobéir. Le plus faible ruisseau pousse ses eaux vers leur destination, quand aucun obstacle n'en arrête le cours.

Si elle s'en écarte, elle nous met en contact avec les choses, en nous forçant à résister à l'impulsion qu'elles nous donnent. Elle établit une lutte redoutable entre nous et la nécessité ; Car, c'est l'empire de cette nécessité que constituent les choses dans leurs rapports avec les hommes. Elle anticipe ainsi sur la marche du temps pour nous entraîner au terme de la vie, elle viole toutes les lois de la nature.

Qu'on ne f[e]igne pas de croire que nous voulons en raisonnant ainsi, enlever les enfans à la direction des pères. Nous rendons un religieux hommage au droit de ceux-ci. Les facultés de l'enfant sont long-temps nulles, et plus long-temps d'une faiblesse qui réclame un appui. La raison de ses auteurs est bien évidemment supérieure à la sienne ; elle reçoit d'ailleurs de leur tendresse une force qui en recule les bornes naturelles. Mais les rois ne sont pas pour nous des pères ; ils sont ... ils ne sont pas même des hommes, et jamais la supériorité ne fut le caractère distinctif de leur raison. La nature avoue la direction paternelle qui honore sa sollicitude pour les hommes ; elle abhorre et repousse au contraire le despotisme qui la froisse et l'outrage.

Nous venons de prouver que le pouvoir absolu, loin d'être une institution de la nature, n'est qu'une invasion de ses droits et qu'il méritera toute sa haine aussi long-temps qu'elle ne consentira pas à sa destruction. Voyons maintenant s'il a les lois pour principes.

Les lois sont susceptibles d'une double définition, suivant que c'est la liberté qui la donne ou le despotisme qui l'impose.

Pour les hommes que le sentiment de leur dignité inspire, la loi est l'expression de la volonté générale, ou, en d'autres termes, une vaste chaîne dont les deux bouts s'étendent aux deux extremités de la société, et qui a pour chaînons toutes les volontes particulières.

Pour les hommes qu'enivre l'orgueil du pouvoir, ou dont l'ame n'a que l'énergie de la bassesse, la loi est la volonté d'un seul individu érigée sur tous les membres de la société en puissance souveraine de direction et de mort.

Cette dernière idée de la loi n'est que celle même du despotisme en activité ; elle en présente en faisceau tous les élémens. Si elle était juste, nous ne devrions voir dans la loi qu'un acté ou une application du pouvoir arbitraire, et non son principe producteur; mais nous avons reconnu qu'il n'existait dans l'univers que deux puissances créatrices des rapports humains, la nature et la loi.

Déjà sans doute nos lecteurs partagent avec nous la conviction que le despotisme n'est point une conception de la nature; reste donc qu'il est l'ouvrage des lois ou qu'il n'existe pas. Mais s'il doit sa naissance aux lois, il n'a pu les produire ; car l'effet n'enfante pas sa cause : et il n'a pu les produire encore, s'il n'existe pas.

La définition que les fauteurs du pouvoir arbitraire donnent de la loi , est donc évidemment fausse, puisqu'elle aurait pour effet de neutraliser et le despotisme dont ils se constituent les défenseurs, et les lois dont l'existence, qui se confond indentiquement avec la nécessité de l'ordre , est évidente pour le pirrhonisme lui-même. Ainsi nous devons naturellement nous reporter à la première définition, c'est-à-dire , à celle qu'adoptent les amis de la liberté.

Suivant cette définition, les lois ont pour élémens nécessaires et constitutifs la volonté de tous les êtres qui vivent sous leur empire.

Si cette définition manquait de justesse, il n'en faudrait pas moins convenir qu'elle donne de la loi une idée bien plus noble et plus grande que celle qui la représente comme l'ouvrage d'un simple individu dont le cerveau, rétréci par l'habitude du despotisme , n'est souvent qu'un atelier de mort, où s'ellaborent les erreurs, les crimes, et les vengeances : mais à l'avantage sur l'autre de représenter sous des traits plus dignes de nous, la puissance qui seule a droit de nous gouverner, elle joint encore celui que la vérité donne toujours sur l'erreur.

Nous avons vu plus haut que l'homme ne pouvait sans compromettre son existence, se placer sous une direction étrangère à sa propre raison.

Nous savons d'un autre côté que toutes nos facultés morales se résument dans l'un de ces deux actes de la volonté, consentir ou refuser.

Ainsi notre volonté est la seule puissance qui doive régner sur nous, et dont nous puissions reconnaître l'empire, sans trahir nos intérêts. En nous constituant en société, nous n'avons pu faire le sacrifice d'aucune de nos facultés. Toutes nous étaient nécessaires; par conséquent nous n'avons pu renoncer à notre volonté; et les règles de conduite sociale que nous nous sommes formées, ne peuvent être que l'énonciation de cette volonté sur nous-mêmes. Nous sommes donc amenés à conclure que cette définition est aussi juste que conforme à la dignité de l'homme.

Si les lois sont une émanation de la volonté générale, peut-on croire raisonnablement qu'elles aient consacré le despotisme, c'est-à-dire, la dénomination absolue d'un seul sur tous?

Pour se ranger de cette opinion il faudrait dévorer des absurdités que repousse la raison la moins difficile.

Un peuple qui courbe sa tête sous le despotisme, aliène sa souveraineté, c'est-à-dire, sa puissance de direction sur lui-même. Mais toutes les relations conventionnelles entre les hommes, celles même qui ne semblent être que des inspirations du sentiment le plus désintéressé, s'absorbent nécessairement dans l'idée de l'échange. La nature sagement économe dans la distribution de ses largesses, n'a permis à aucun être, l'exercice d'une libéralité purement gratuite.

Pour que l'aliénation qu'un peuple fait de sa volonté fût légitime, il faudrait qu'il obtînt en retour quelque chose qui le désintéressât de son sacrifice; mais quel dédommagement possible renferme l'univers tout entier pour l'être qui donne tout ce qu'il possède, qui fait de ses plaisirs, de ses peines, de ses sensations, de ses forces, de toutes ses facultés enfin la propriété d'un autre, qui renonce au droit inappréciable d'exercer la vertu sans contrainte, et de n'être pas un vil et machinal instrument du crime; qui se dépouille, nous ne dirons pas seulement de tout ce qui le distingue des animaux, mais de tout ce qui le retient à la vie et le sépare du néant. Un tel sacrifice n'admet point de compensation.

Il en est des peuples comme des hommes; ils n'attachent de prix qu'aux objets qui peuvent contribuer à embellir ou à conserver leur existence.

Un peuple qui fait de sa souveraineté une aliénation entière, sans réserve et sans condition, ne fait qu'échanger sa vie dont l'exercice de sa souveraineté est le seul garant, contre les moyens d'en étendre la durée ou d'en multiplier les jouissances : acte souverainement absurde qui ne saurait être qu'une conception de la plus complète démence, et que la raison refuse de sanctionner.

Le pouvoir absolu n'a donc pas les lois pour principes producteurs, puisque les lois sont l'énoncé de la raison suprême et que cette raison ne peut, si elle n'a subi quelqu'éclipse, consacrer la plus repoussante des absurdités.

Il ne se rattache pas davantage à la nature avec laquelle il se met sans pudeur en opposition.

Si le pouvoir absolu n'a son fondement, ni dans la nature, ni dans les lois, seules causes d'où il puisse émaner, nous ne pouvons plus croire qu'il soit autre chose qu'une chimère.

Sans ce pouvoir, cependant, il ne peut exister de despotes ; et que deviennent alors tous les attributs dont ils s'entourent par orgueil, ou dont ils emploient le prestige par prudence ? Le titre de roi légitime doit disparaître sans retour, et nous savons à quoi nous en tenir sur la légitimité.

La légitimité ressemble à ces ombres que projettent sur les grands chemins, les arbres d'alentour, lorsque l'astre des nuits fournit sa carrière. Vues de loin elles paraissent autant de Titans armés, non pour attaquer le ciel, mais pour ravager la terre ; de près ce ne sont plus que des fantômes, que quelques heures plus tard un rayon du soleil fera disparaître : devant elles, le voyageur timide tremble et recule, assailli de la crainte d'avoir été déjà découvert de ce qu'il croit être des ennemis redoutables de sa sûreté, et malheureux de ne pouvoir arriver à sa destination. Le voyageur plus courageux ou plus instruit, au contraire, en approche, foule le sol sur lequel elles sont empreintes, les franchit et poursuit sa route. O vous qui parcourez une terre sur laquelle pèse la légitimité, à quelle classe de voyageurs voulez-vous appartenir ?

Qu'on se garde de croire que dans nos réflexions sur la légitimité, nous confondions la successibilité à un pouvoir délégué par le peuple, avec l'hérédite à un pouvoir usurpé ; non, s'il en était ainsi, nous cesserions de n'être que sévères ; nous serions injustes. Nous ne nous proposons que de combattre les indécentes prétentions d'un roi qui oserait présenter à notre crédule confiance , les attributs de son autorité comme un bien de famille, l'état comme sa propriété, nous mêmes enfin comme un troupeau qui lui appartient par droit de naissance, et dont il peut disposer avec un pouvoir aussi entier, aussi absolu que des bestiaux qui labourent et fertilisent ses champs : nous ne voulons que prouver qu'il n'a pas reçu de ses ancêtres, et qu'il ne peut laisser à son successeur, à titre d'héritage, le pouvoir d'être tyran avec impunité. Mais nous vouons un religieux respect à tout prince

qui, né sur un trône qu'occupaient ses ancêtres , a succédé à une autorité dont nos pères
ont fixé la nature et tracé les limites , et que
nous pouvons lui conserver sans trahir nos intérêts. Un gouvernement héréditaire, à des in-
convéniens graves, peut-être, oppose des avantages dont la société ne doit pas se priver. Les
magistratures électives doivent n'appeler à
l'exercice du pouvoir, et c'est par cela seul
qu'elles ont quelquefois mérité la préférence,
que des hommes en qui l'âge , allié au mérite, est
une garantie d'expérience dans les affaires et de
modération dans le conseil ; mais cet âge avancé
les approche du tombeau ; les élections sont
nécessairement fréquentes. Sous l'empire d'un
pareil ordre de choses, l'intrigue et son im-
moral cortége doivent exercer leurs funestes
ravages sur la société : des factions se forment,
des haines s'allument entre les partis rivaux , la
guerre civile ensanglante le sol que les lois ne
protégent plus, et l'anarchie succéde à l'ordre.
Toutes ces calamités disparaissent sous un régime héréditaire : aussi, loin de nous placer
parmi ses détracteurs, nous rangerons-nous
toujours du côté de ceux qui se consacrent à
le défendre.

Il est vrai que nous le concevons dans des

bornes, sans lesquelles il ne nous paraîtrait plus qu'un outrage et une usurpation. Nous ne prétendons pas qu'un peuple doive sacrifier au respect pour le principe de l'hérédité, le droit qu'il tient de la nature, de ne céder dans le choix du mode de se gouverner, qu'aux seules inspirations de sa raison.

Il n'était pas au pouvoir de ses ancêtres de le dépouiller de ce droit, en formant des institutions dont l'empire dût s'étendre sur le futur contingent. Si leur intérêt fut le mobile de leur volonté, il en dut être aussi la mesure; et ils ne purent légitimement la dépasser : lui-même n'a jamais pu renoncer à faire son sort meilleur; la nature ne sanctionne point de promesses faites contre elle-même : il peut toujours cesser de vouloir ce qu'il a voulu une fois, quand il doit en résulter des avantages sensibles pour lui.

Cette proposition paraîtra dure : peut-être même l'accusera-t-on de porter le cachet d'une mauvaise foi qui ne se fait point scrupule de violer ses engagemens. Elle est vraie cependant dans tous ses sens, et la vérité ne saurait être injuste.

L'homme vit dans la dépendance étroite des choses; elles exercent sur lui l'insurmontable empire de la nécessité. De quelques liens que l'aient chargé ses rapports conventionnels avec les autres hommes, il ne peut obéir à la fois et aux hommes et aux choses, quand l'impulsion qu'il en reçoit l'entraîne en sens contraire. Dans une lutte entre deux forces aussi inégales, le succès ne saurait être douteux ; le frêle ouvrage d'une volonté humaine ne peut opposer qu'une résistance vaine à la nécessité, il s'anéantit ; et l'homme, alors libre de toutes ses obligations passées, s'abandonne tout entier à l'entraînement de la puissance qui le domine.

On nous opposerait en vain contre ce raisonnement, le caractère d'irréfragabilité dont les lois ont empreint le mariage. Ce serait assurément bien mal choisir ses armes ; car il n'est aucun être, s'il n'est brute ou théologien, qui puisse ignorer que ce caractère, dans le mariage, est un outrage à la raison autant qu'à l'humanité. Quant à nous, nous ne pouvons regarder la révocation du divorce que comme un retour vers de vieilles idées chargées de toute la rouille des temps barbares.

Ce que nous avons dit d'un homme est également vrai de tout un peuple. Un peuple a adopté la monarchie pour mode de gouverne-

ment ; il a fait des conventions avec son premier magistrat , il s'est soumis à l'obligation de
reconnaître et de respecter le caractère dont
il venait de le revêtir, et d'échanger avec lui
des honneurs et des richesses contre les services qu'il en devait obtenir; plus tard les circonstances qui ont présidé à ces conventions
font place à de nouvelles ; des révolutions se
sont opérées autour de lui , et ont produit des
changemens dans sa constitution physique ou
morale.

Il est placé sous l'empire de besoins qui lui
étaient inconnus , et avec lesquels son système
politique n'est plus en harmonie ; il faut qu'il
adopte un nouveau régime de direction ou
qu'il consente à être malheureux , c'est-à-dire,
à marcher d'un pas plus ou moins rapide vers
sa destruction. La nature ne lui permet point
cette tranquille résignation à des maux dont
il peut se garantir. Elle lui ordonne au contraire d'en détruire la cause, d'un ton à n'être
pas désobéie, et tout pacte qui l'offense disparaît devant sa volonté. Le peuple est délié de
ses engagemens envers le prince, parce que
la convention qui les fonde ne pouvait être
contractée que sous la condition au moins implicite qu'elle serait avantageuse à celui qui la

consentait; autrement il faudrait admettre l'hypothèse absurde que celui-ci a pu ou voulu consentir à sa ruine. Or, la condition n'existant pas, la convention qu'elle modifie ne doit pas non plus exister.

Ainsi l'hérédité au trône ou la légitimité, telle que nous la concevons, peut se définir : le droit de succéder à titre d'héritage, à l'exercice du pouvoir monarchique dont le peuple sur lequel il règne n'a pas prononcé l'abolition. D'après cette définition, le prince sera toujours fondé à se placer sur le trône qu'ont occupé ses ancêtres, si le peuple ne proscrit pas le gouvernement dont ce trône est l'attribut. En un mot, le pouvoir du prince repose sur l'institution qui l'a créé; il existe aussi long-temps qu'elle est maintenue, et ne peut crouler et disparaître qu'avec elle. L'arrêt de proscription que prononce le peuple n'atteint directement que la monarchie et non le monarque; et si celui-ci en est frappé, ce n'est que secondairement, et par une suite inévitable de l'extinction de sa dignité. Nous croyons inutile d'observer que nous ne raisonnons ici que dans l'hypothèse d'un roi soumis à une constitution assez sage, assez prévoyante pour fermer devant lui toute avenue aux prévarications et aux crimes. Les autres ne règnent que par la force, qu'ils fassent toujours en sorte d'être les plus forts. *Væ victis!*

On ne manquera pas sans doute de nous faire une objection qui, puisée dans nos propres raisonnemens, pourrait égarer des lecteurs inattentifs, si nous ne nous hâtions d'en prévenir les effets, en la repoussant pour toujours.

Nous avons dit plus haut qu'un peuple, poussé par la main de la nécessité, pouvait et devait même, quand son intérêt l'exige, briser les conventions qu'il a faites avec son prince : partant de là, on pourra nous dire : si ces conventions ont l'irréfragabilité du contrat, elles ne doivent s'anéantir que pour des motifs graves et justifiés : autrement elles disparaîtraient devant la capricieuse instabilité de l'un des contractans : mais quel sera le juge compétent pour reconnaître la gravité des motifs de dissolution ? On ne voit là que des parties intéressées, le peuple d'un côté, le prince de l'autre, et point de juge intermédiaire.

Nous répondrons qu'il n'est pas besoin de juge où il n'existe pas de difficulté litigieuse à résoudre. L'acte qui confère au prince le droit de gouverner n'est pas du nombre de ces contrats qui sont toujours placés dans leur durée hors des atteintes isolées de chacune des parties intéressées. Les obligations qu'il impose aux contractans sont bien indépendantes de leur volonté pour le passé ; mais elles peuvent leur être soumises pour le présent et pour l'avenir, et chacun d'eux peut s'y soustraire en rompant le pacte qui les consacre. En un mot, ce contrat n'est qu'un mandat tel que celui qui investit un préfet, un maire, un juge des fonctions qu'il remplit dans la société.

Or, il est deux espèces de mandats, les uns sont toujours révocables à la volonté des constituans, et les autres ne peuvent trouver leur terme que dans un délai donné ou dans l'extinction de l'affaire pour laquelle ils ont été constitués.

C'est à cette seconde espèce de mandats qu'appartient celui des rois ; semblable au mandat qui constitue un juge, il ne peut finir qu'à la mort du prince, s'il est viager, ou par l'extinction de la famille dans l'ordre héréditaire, s'il est transmissible à titre de succession, ou enfin par la suppression de la royauté ou de la magistrature. Et le peuple resté toujours maître de cette suppression, comme le gouvernement de celle du tribunal où siège un magistrat.

Toutes les réflexions que nous avons émises jusqu'ici, nous amènent à conclure que le pouvoir royal constitué dans un individu, n'existe que par un mandat, ou politiquement parlant, par une charte ou constitution ; et que ce même pouvoir recueilli à titre de transmission héréditaire, repose sur un nouveau mandat, tacite peut-être, mais toujours nécessaire pour confirmer le premier.

Ainsi nous avons implicitement établi ce principe que la raison proclame et que le despotisme abhorre ; c'est que toute autorité est le fruit de l'usurpation ou de la délégation d'un peuple. Celle qui vient de l'usurpation n'a de titre que la force ; la faiblesse devient son crime, et elle doit disparaître dès que la force qui lui a donné naissance en trouve un autre qui le surmonte ; car entre deux choses qui sont les mêmes, il ne peut y avoir inégalité de droits. Celle qui dérive de la délégation du peuple est respectable et sacrée ; mais il faut qu'elle ait pour premier élément constitutif une volonté aussi libre qu'éclairée dans son auteur. C'est dans son propre intérêt que le peuple fait cette délégation ; elle ne doit donc avoir que son avantage pour règle et pour mesure, et lui seul demeure juge des clauses à y introduire.

Ce n'est pas là sans doute ce que prétendent les rois légitimes, qui voudraient qu'on crût que les attributs de la royauté sont un droit inattaquable de leur naissance.

Mais la raison se rit de leur puéril et ridicule orgueil, et elle dénonce à notre mépris tout prince qui loin de se reconnaître le délégué du peuple, s'arroge sans pudeur le droit de lui fixer une mesure d'obéissance. Ce prince déshonore à la fois son cœur et sa raison.

Nous savons maintenant, pour ne plus l'oublier, qu'une constitution ou l'acte fondamental d'une association politique ne saurait être l'ouvrage exclusif des rois ; et qu'au contraire les peuples, émancipés par la nature elle-même, y peuvent et doivent stipuler leurs ntérêts.

Aussi c'est avec un regret bien vivement senti que nous avons vu le prince qui nous gouverne, en revenant parmi nous, après trente ans d'exil, croire encore nécessaire de nous parler la langue du pouvoir absolu. Si, errant de climats en climats, il n'eût pas vécu loin des lieux d'où il pouvait suivre le progrès de nos lumières, eût-il pu le méconnaître assez pour décorer le frontispice de notre constitution, de formules qui ne peuvent plus nous paraître que les restes impurs d'un despotisme, sous lequel on s'efforcerait en vain de nous replacer. Que ne pouvons-nous effacer ces lignes, qui ne sont de sa part qu'un inutile monument d'outrage, où s'intitulant *roi par la grâce de Dieu*, il déclare nous *accorder volontairement, et par le libre exercice de son autorité royale, nous faire concession et octroi d'une charte*, etc.

Pour tous les hommes qui n'ont pas abjuré la raison, il n'existe plus de rois *par la grâce de Dieu*. Ils sont maintenant relégués, ainsi que les gothiques formules *du bon plaisir, de la pleine puissance*, etc. parmi les erreurs dont le progrès des lumières neutralise chaque jour l'ascendant sur nous.

Que signifient ces mots ridicules *par la grâce de Dieu*, associés au titre de roi? Veulent-ils dire qu'un roi est le représentant de Dieu sur la terre? Mais nous avons déjà prouvé que Dieu, en attachant l'homme à la chaîne générale des êtres, l'avait entièrement livré, pour tout ce qui ne touchait pas directement à la durée de son existence, aux seules inspirations de son cœur et de sa raison, et ne s'était réservé aucun pouvoir de direction sur lui.

D'ailleurs ne serait-ce pas outrager ce Dieu dont l'essence, s'il existe, est une bonté et une sagesse sans bornes, que de supposer qu'il ait jamais pu choisir pour dépositaire de son pouvoir sur la terre un Neron, un Caligula, un Commode, un Louis XI et tant d'autres monstres sur lesquels nous ne pourrions rappeler que de hideux et sanglans souvenirs?

Les rois prétendraient-ils par ces mots faire honneur à la providence du pouvoir dont ils sont investis? mais qui ne sait qu'on doit également mettre sur le compte de cette providence, la peste et ses ravages, la guerre et ses calamités, enfin tous les fléaux qui désolent la terre? Est-ce une raison pour nous interdire la recherche et l'emploi des moyens qui peuvent les éloigner de nous ou en paralyser les effets? et parce que la gangrène qui attaque un membre est l'ouvrage de la providence, faut-il se contenter de déplorer l'effrayante rapidité de ses ravages, lorsqu'on pourrait la prévenir, en amputant le membre infecté? Non, sans doute: la raison nous servirait mal si elle nous inspirait une aussi funeste résignation. Convenons donc que le titre de roi *par la grâce de Dieu* n'est qu'une association de mots vides de sens, et ne ressemble que trop aux outres d'Éole qui ne renfermaient que du vent, et par cela même promenaient les tempêtes sur le sein des mers.

La famille régnante, si elle est au niveau de nos lumières, ne peut pas ignorer qu'ayant reçu le trône de nos mains, elle ne saurait prétendre à nous faire des concessions et des grâces : des grâces ! Quiconque confère le pouvoir suprême, n'en attend de personne. C'est la société qui les dispense à ses membres, et non pas elle qui en reçoit d'eux, et un roi n'est qu'un membre de la société.

Nous venons de voir que se réclamer de la *grâce de Dieu* pour régner, c'est avouer qu'on n'a aucun titre à l'exercice du pouvoir royal. Ce serait sans doute une erreur de la part du chef de notre gouvernement. Nos volontés l'ont élevé et le maintiennent sur le trône. Ce titre lui en garantit la conservation aussi long-temps qu'il ne le déméritera pas.

Si le ciel n'est qu'un frêle appui et un fondement ruineux de l'autorité royale, si à la société seule appartient le droit de la créer et de la maintenir, il n'est qu'un acte dont elle puisse recevoir l'existence : c'est celui qui seul établit et organise tous les pouvoirs sociaux, la constitution. Elle n'existe et ne se conserve que par lui.

Au moment où se réunissent et fermentent tous les élémens de la constitution, l'autorité royale est encore dans le néant, puisque l'effet dans l'ordre des temps ne saurait précéder sa cause. Par conséquent ce n'est *pas du libre exercice de l'autorité royale* que se forme une constitution, le prétendre serait pervertir l'ordre de filiation qui existe entre ces deux choses. C'est de la constitution seule que naît la puissance des rois et non de la puissance des rois qu'émane la constitution.

En revenant pour la dernière fois sur l'idée repoussante d'un *roi par la grâce de Dieu* qui *accorde volontairement par le libre exercice de son autorité royale, fait concession et octroi d'une charte constitutionnelle*, nous ne saurions y voir qu'une imitation de ses extravagances asiatiques qui transforment les rois en Dieux ou les sujets en bêtes.

Toutes ces extravagances ont perdu sur nous leur empire.

Les rois, quoi qu'ils fassent, ne sauraient plus nous paraître que de simples magistrats chargés de faire exécuter nos volontés. Ce sont des hommes choisis dans notre sein ou sur un sol étranger, auxquels nous déléguons non le droit de faire des lois, mais d'appliquer et faire régner sur nous celles que nous consentons. Ils exercent par mandat le pouvoir exécutif comme nos représentans le pouvoir législatif; et ce mandat, qu'ils ne peuvent jamais dépasser, sur lequel repose toute leur existence politique, qui est le gage commun entre les gouvernans et les gouvernés, de leurs obligations réciproques, ce mandat est la constitution.

Il est toujours permis aux rois de renoncer au bénéfice du mandat que leur délègue le pouvoir lorsqu'il les importune; mais alors, en refusant leurs services au peuple, ils perdent le droit d'en exiger, et une obéissance qui n'est pour eux qu'un moyen de remplir leurs obligations envers lui, et les récompenses pécuniaires ou honorifiques attachées à des travaux auxquels ils se dérobent. Des obligations réciproques reposent sur une base commune. Quand cette base cesse d'exister pour les unes, elle disparaît également pour les autres, une chose ne saurait être et n'être pas à la fois.

Dépouillés de titres à l'obéissance du peuple, les rois ne peuvent point se créer un nouveau mandat ou un nouveau pouvoir de direction. Ce serait prétendre à une soumission à laquelle ils n'ont plus de droit. Ils ne peuvent par conséquent changer la constitution qui est véritablement leur mandat.

Cette conséquence qui est rigoureusement juste, nous amène à discuter un problême de la plus haute importance ; c'est celui-ci : si les rois ne peuvent changer la constitution sans la participation du peuple, cette participation serait-elle ou non suffisamment caractérisée par l'assentiment des chambres législatives ? Avant de résoudre ce problême, nous le présenterons sous un jour nouveau qui en rendra la solution plus facile.

La tribune nationale peut retentir de deux espèces de lois, les unes d'application des principes que le pacte social a consacrés, et les autres d'exception à ces principes.

Sans doute les premières sont du ressort de nos chambres législatives ; ces chambres sont comme le creuset ou s'ellabore et se confectionne naturellement cette espèce de lois ; et elles manqueraient à leur destination, si elles ne s'occupaient sans relâche à féconder les principes fondamentaux de l'association au profit de nos besoins.

Mais les lois d'exception entrent-elles également dans leur domaine ? Cette question, qui n'est que la traduction du problème que nous venons de présenter, présente un grand intérêt, et est digne d'exercer la plume de nos premiers publicistes.

Quant à nous, si nous osions donner quelque confiance au rapide calcul de nos premiers aperçus, nous n'hésiterions pas à soutenir la négative, et il nous paraîtrait même facile de justifier notre opinion à cet égard.

Nous avons déjà prouvé dans un autre endroit de cet ouvrage, qu'il n'était pas au pouvoir d'un peuple d'aliéner sa souveraineté, c'est-à-dire, sa puissance de direction sur lui-même.

Or, dire qu'un peuple ne peut aliéner sa souveraineté sans restriction, c'est dire, en d'autres termes, qu'il ne peut se décharger sur personne de l'œuvre de ces lois. Faire des lois, c'est exercer la souveraineté.

Cette conséquence ne doit pas être prise cependant dans toute sa rigueur. Une nation nombreuse, répandue sur un sol vaste, ne saurait directement et par elle-même, travailler à la législation , sans compromettre ses intérêts. Ce serait abandonner des travaux auxquels sont attachées sa prospérité, et même son existence, pour rechercher les moyens de féconder les travaux et en retirer les meilleurs résultats possibles, car tel est le principal objet des lois ; inconséquence qui entraînerait sa dissolution.

Cette nation marche entre deux écueils presqu'également redoutables, se soumettre à une domination étrangère et nécessairement ennemie, ou abandonner le soin de son bonheur et de sa conservation , en négligeant de demander aux arts le tribut de productions utiles qu'ils n'accordent qu'à des efforts constamment soutenus.

Pour prévenir le danger de se briser contre l'un ou l'autre de ces écueils, la nation fait un premier acte, ou, si l'on veut, une première loi, dans laquelle elle crée et organise les élémens de sa propre conservation. Parmi ces élémens, elle place un pouvoir chargé de représenter sa volonté dans les objets d'une importance secondaire. Elle trace l'enceinte de ces pouvoirs, en fixe les attributions, et réserve tous les droits auxquels il ne pourrait porter atteinte sans usurper la souveraineté.

Enfin elle le combine tellement avec elle-même qu'on pourrait dire aux hommes qui l'exercent : couvrez de vos conceptions législatives tout le terrain que la première loi ou la loi constitutionnelle n'occupe pas. Vous le devez ; vous y refuser serait violer une des conditions de votre existence politique ; mais aussi gardez-vous de dépasser la ligne qu'elle trace autour de vous ; elle est le dernier rempart des droits de la nation, et où la nation perd ses prérogatives essentielles, là se trouve la limite de votre pouvoir.

On voit que dans tout état régi constitutionellement, on distingue deux degrés dans la puissance législative. Au degré supérieur est le peuple ou l'auteur de la loi constitutionnelle, au degré inférieur est le législateur ordinaire : le premier seul est au dessous de la constitution ; le dernier est borné et dominé par elle.

Ici notre question se reproduit dégagée des difficultés et des ténébres qui l'environnent au premier moment ; nous savons que les chambres législatives n'ont qu'un pouvoir subordonné qui émane de la constitution ; que c'est une simple mission qu'elles exercent, et qu'elles doivent religieusement s'interdire tous les actes qui en dépassent les bornes.

Ainsi, demander si le droit de voter des lois d'exception entre dans les limites de leurs pouvoirs, c'est demander, en d'autres termes, si elles peuvent jamais exercer le premier degré de la puissance législative, et s'élever au rang du législateur constituant. En posant la question de cette manière, la réponse ne saurait présenter de difficultés.

Mais avant d'en donner la solution, essayons de prouver l'identité des deux termes dans lesquels nous traduisons la question.

Consentir une loi d'exception, c'est introduire pour un temps donné une modification ou une dérogation à la loi constitutionnelle. Nous ne saurions concevoir une loi d'exception, que sous la double idée de l'abrogation de la loi constitutionnelle, et de l'adoption d'une nouvelle dans laquelle ne se retrouve plus la disposition qu'on a proscrite temporairement. Personne n'ignore que tout acte qui perd une de ses parties intégrantes, cesse d'être lui-même et fait place à un autre.

Maintenant retournons à la question.

On ne peut nier qu'abroger la constitution régnante et lui en substituer une autre, sont des

actes qui entrent dans les attributions du législateur supérieur ou constituant. Il ne nous
reste plus qu'à prouver qu'ils sont de son domaine exclusif.

Les députés de la nation n'exercent qu'un
pouvoir délégué. Toute délégation a ses limites, au delà desquelles commence l'usurpation ; et l'usurpation ne peut fonder un droit.

Détruire l'acte qui constitue leur mandat,
et lui en substituer un autre, ne saurait se
trouver dans le cercle des pouvoirs dont sont
investis les hommes qui représentent un peuple à la tribune législative.

Abroger l'acte par lequel ils existent, serait
s'anéantir eux-mêmes, en détruisant un de
leurs élémens constitutifs, et en créer un autre
ne leur serait pas moins impossible. Il ne peut
exister à la fois sur un même peuple deux constitutions renfermant des dispositions con-
traires, elles se neutraliseraient réciproquement; cependant dans l'hypothèse dont il est
ici question, il doit s'écouler un instant au
moins moral entre l'abolition du premier et
l'adoption du second : et dans cet instant leur
mandat n'existe déjà plus, il a suivi le sort de
l'acte qui lui avait donné et qui lui conser-
vait l'existence; par conséquent il ne peut plus

être une puissance créatrice. Et, existât-il encore, la création d'une nouvelle loi constitutionnelle ne serait qu'une usurpation sur le législateur constituant. Cette création n'aurait pas son principe dans le mandat.

De tout ce que nous avons dit jusqu'ici, il sort une conséquence rigoureusement obligée, c'est que les représentans de la nation ne peuvent consentir de lois exceptionnelles sans sortir de la ligne de leurs attributions.

Ici se présente une question qui est en quelque sorte le complément de celle que nous venons de traiter. C'est de sa solution que cette dernière empruntera son caractère distinctif. Vaine et oiseuse, elle n'offrira qu'un aliment à la malveillance ou à l'oisive curiosité ; grave et intéressante, elle pourra répandre sur nous une utile influence, suivant ce que sera cette solution.

La question dont nous parlons peut s'énoncer en ces termes : les lois d'exception votées par les chambres législatives obligent-elles le peuple et ont-elles droit à son obéissance ?

Avant de présenter les moyens de solution dont cette question est susceptible, nous dirons quelque chose de l'influence qu'elle peut avoir sur la société en général, sur le prince,

et sur l'écrivain qui en fait l'objet de ses réflexions.

Jusqu'à ce qu'il nous soit prouvé qu'il est
des erreurs protectrices du bonheur social,
et des vérités dont l'influence brûlante des-
sèche les sources de ce bonheur, nous croi-
rions calomnier la nature en pensant qu'elle a
placé l'homme sous la direction du mensonge.
Nous ne craindrons pas d'enrichir le domaine
de l'opinion publique, de toutes les vérités
qui ne se dérobèrent pas à nos recherches.
Nous ne voyons dans l'erreur que des nuages
redoutables qui recèlent la foudre, et dans la
vérité qu'un soleil radieux, dont rien n'inter-
cepte pour nous les rayons vivifians. Quelle que
soit la manière dont cette question doive être
décidée, nous ne croyons pas qu'il puisse en
résulter de dangers pour la société.

Le prince en pourra-t-il concevoir quelques
alarmes fondées? Le prince ne saurait avoir
d'intérêt contraire à celui de la société ; il est
son premier citoyen, il prospère avec elle, et
disparaît quand elle s'anéantit. Les vérités
qui sont utiles à celle-ci profitent à celui-là,
il ne peut donc en craindre la révélation.

Aurions-nous à redouter pour nous quelques dangers en présentant au peuple la me-

sure de ses devoirs et au gouvernement le terme de ses droits. Sous un prince intéressé à placer ces œuvres sous la protection de l'ignorance, nous n'oserions répondre de rien; et si, incapable de transiger avec la vérité, nous n'enchaînions pas notre plume, peut-être nous dévouerait-elle au ressentiment prévaricateur de l'autorité. Mais sous un gouvernement qui n'a que des intentions pures, pour qui la vérité est un besoin, notre liberté, loin de lui paraître une offense téméraire, ne se présentera à lui qu'avec l'honorable caractère de la confiance.

Revenons à notre question.

Nous ne demanderons plus si des lois exceptionnelles, votées par les chambres législatives, peuvent obliger le peuple. Nous traduirons cette question dans son expression la plus simple, et nous la poserons ainsi : des mandataires, en dépassant les bornes de leurs pouvoirs, peuvent-ils faire des actes de propriété valables sur les biens de leurs mandataires ?

Cette question a été autrefois traitée par plusieurs docteurs, dans ses applications au droit civil. Tous en lui assignant une solution négative, s'appuyaient d'abord de cette raison transcendante que l'individu qui contracte

avec un mandataire, devait préliminaire-
ment s'assurer de l'existence et de la mesure
du pouvoir dont celui-ci était investi, et que
s'il négligeait de le faire, lui seul devait être
victime de son imprévoyance : ils déroulaient
ensuite avec beaucoup de sens les·immenses
dangers qui jailliraient d'un système contraire.
Ces dangers se déduisaient de la vénalité de
beaucoup de consciences. Notre législation
régnante, en admettant ces raisons, a consacré
le principe.

Ces raisons s'appliquent avec une rare précision aux actes que consentent les mandataires
du peuple, et à celles-ci s'en joignent d'autres
qui rendent le prince bien plus défavorable
qu'un contractant ordinaire.

Celui-ci peut n'être qu'imprévoyant, il a pu
ne pas attacher des regards assez sévères sur
l'acte constitutif du pouvoir : celui-là n'a pas
la même excuse ; intéressé dans l'acte qui fonde
le mandat, il en doit connaître l'étendue précise. Le premier a pu involontairement franchir la ligne de ses droits, en voulant reculer
ses avantages jusqu'à leur dernière limite ; il
a des intérêts opposés à ceux de la personne
avec qui il contracte ; le dernier n'en doit pas
avoir.

Partie d'un tout que forment tous les pouvoirs sociaux, il ne peut avoir qu'un but, qu'une fin, qu'une direction commune avec eux : s'il dévie de la ligne qu'ils suivent, s'il isole son intérêt du leur, s'il envahit leurs droits, il n'est plus un citoyen, encore moins un roi ; il n'est qu'un ennemi dont la destruction est légitime parce qu'elle est nécessaire.

Dans les relations entre les peuples, et les rois, il ne peut y avoir de concessions perdues. Les pertes du peuple augmentent le domaine du pouvoir et enrichissent les princes. Quand un roi se fait le centre de toutes les considérations politiques, il prend dans les délibérations législatives tous les caractères d'un contractant avide et rapace.

Combien n'est-il pas redoutable alors ; et sans parler des moyens honteux et immoraux qu'il met en usage pour égarer le peuple dans la nomination de ses mandataires, et faire tomber son choix sur des hommes indignes de sa confiance, quels élémens de séduction n'emploie-t-il pas contre l'ame souvent faible ou vénale de ces mandataires dont il devrait au contraire respecter l'intégrité. L'argent que nous lui confions pour l'entretien des rouages politiques, il en fait le prêt des lâches soldats du despotisme qu'il recrute dans les rangs des défenseurs du peuple. Les emplois et les dignités qui devraient être le patrimoine des talens, des vertus et quelquefois même du malheur, il les transforme en salaire de services immoraux. Les honneurs, qu'on devrait toujours tenir en réserve pour en faire la récompense du dévouement patriotique, deviennent, dispensés par lui, un gage de flétrissure et d'opprobre parce qu'on sait qu'ils ne décorent plus que le crime.

Aussi transportons-nous au milieu des délibérations législatives, et plongeons nos regards dans l'enceinte où siégent les représentans de la nation, nous y verrons des hommes qui, tenant, pour ainsi dire, tous leurs organes à la solde d'un ministre, ne lisent que dans ses yeux la route qu'ils doivent tenir, pour arriver au terme de leur pélerinage politique. L'honneur et le patriotisme ne sont plus la boussole qu'ils consultent, ils s'abandonnent tout entiers aux inspirations d'un homme, qui les domine par l'influence enivrante des honneurs, du pouvoir et des richesses; ils s'égarent, ils se fourvoient sous sa direction, et leurs erreurs, si un peuple était réduit à en subir l'ac-

tion, seraient pour lui un principe de calamités et de mort.

Lorsqu'il est permis à un particulier de
détourner les pertes que réfléchiraient sur lui
les erreurs ou les prévarications de son mandataire, pourrait-on refuser au peuple le droit
de conjurer les maux de toutes espèces qui
jailliraient de l'œuvre de ses députés. Où existent les mêmes raisons et de plus fortes encore,
les conséquences ne peuvent être moins ri-
goureuses.

Un particulier dont on a compromis les intérêts, se repose du soin de sa défense sur la
force publique ; il n'a besoin que de lui donner l'éveil et de faire constater ses droits, elle
s'arme pour lui et le couvre de sa protection :
mais il n'en est pas ainsi d'un peuple ; il n'est
pas entre lui et ceux qui le trahissent, d'autorité intermédiaire qui puisse reconnaître la
légitimité de ses réclamations. Toutes les au-
torités sont dans son propre sein, aucune
n'existe hors de lui. Il n'est pas non plus de
forces dont il puisse se réclamer ; il constitue
lui-même la force publique, la seule qui soit
supérieure à toutes les autres, puisqu'elle est
formée de leur concours. Il faut qu'il la mette
en usage ou qu'il consente à son malheur ; ce

dernier parti serait un acte de folie : reste donc celui d'employer la force, et il peut toujonrs le faire légitimement soit pour la défense, quand il lui suffit de résister, soit pour l'attaque, quand la chute du prince prévaricateur est devenue nécessaire.

Ce qu'un peuple entier peut faire, les individus qui le composent le peuvent également. L'attaque leur est physiquement impossible ; mais la résistance leur est permise : la nature leur en fait même un devoir, et ils sont plus souvent que les peuples dans la nécessité d'en faire usage. Jamais les lois hostiles n'atteignent la société en corps, et ne font simultanément sentir leur action à tous ses membres ; elles ne la frappent que successivement et dans un nombre plus ou moins grand de ses parties. Par conséquent, les parties seules ou les individus qui subissent l'application de ces lois, ont un intérêt actuel et pressant, à leur opposer une force d'inertie devant laquelle elles tombent impuissantes. Ainsi tout homme contre lequel on vient exécuter une loi qui n'a point été votée par le peuple, a droit de déployer tous les moyens de résistance qu'il mettrait en usage contre dés brigands qui menaceraient sa vie ou sa propriété. Il se défend par les mêmes armes qu'on emploie pour l'attaquer, la force physique et tous ses auxiliaires ; si ces armes sont légitimes dans les mains de ses adversaires, elles le sont également dans les siennes.

Les partisans aveugles de la royauté ne se douteront peut-être guère qu'en justifiant la résistance aux lois exceptionnelles, j'écris dans l'intérêt des rois autant que dans celui des peuples ; il n'est rien de plus vrai cependant.

Qu'on se représente les députés de la nation, dédaignant toutes les prérogatives royales, suspendre le roi de ses fonctions, le frapper d'une interdiction temporaire, prononcer sa captivité pour un temps donné ; ehbien ! tous ces actes seront des lois d'exceptions. Le roi reconnaîtra t-il en eux les caractères législatifs ? Non , sans doute , il leur opposera la résistance la plus vigoureuse , et il aura raison. Ils ne seront rien moins que des lois, puisqu'ils n'en auront pas les élémens. Dans cette dernière hypothèse, ils manqueront de la sanction du roi, comme dans l'hypothèse ordinaire, ils manquent du consentement du peuple ; deux principes constitutifs et essentiels des lois.

Jusqu'ici nous avons prouvé deux choses sans lesquelles il n'est point de bonheur possible pour les peuples. La première, qu'il n'existe point de pouvoir, s'il n'est institué par une constitution; et la seconde, qu'aux peuples seuls appartient le droit de faire, de conserver ou de détruire cette constitution.

Maintenant, il ne nous reste plus qu'à présenter quelques-unes des considérations générales qui doivent présider à l'adoption d'une loi constitutionnelle.

La liberté civile est le but de l'organisation sociale, elle est parconséquent la fin de toutes les constitutions.

Les pouvoirs sont des moyens de fonder et de garantir cette liberté. Ils sont les rouages qui entretiennent le mouvement des corps politiques. Il est par conséquent d'une rigoureuse nécessité que ces pouvoirs se combinent et se coordonnent avec une extrême précision, autrement ils se croiseraient, et leur contact causerait de violentes secousses dans l'état ; ou si quelqu'un d'eux surmontait les autres, il détruirait la liberté qu'il devait concourir à protéger, et la société perdrait tous ses avantages.

Quelques publicistes ont réduit à deux les pouvoirs sociaux.

Le pouvoir législatif et le pouvoir exécutif.

Par le pouvoir législatif, ils n'entendent pas la souveraineté ; elle n'est pas une création du pacte social ; ils veulent seulement désigner les députés de la nation.

Le pouvoir exécutif est celui qui, concentré dans un seul individu, constitue la royauté.

Ces deux pouvoirs doivent se balancer réciproquement et présenter un équilibre qui les maintienne dans une égalité de forces. Il ne faut pas que les mandataires du peuple puissent détruire l'institution royale ; il faut encore moins que la royauté puisse dominer les mandataires du peuple.

Dans le premier cas, les députés de la nation feraient un acte de souveraineté, ce qui serait une usurpation caractérisée ; dans le second, le roi s'érigerait lui-même en souverain, en envahissant le pouvoir législatif ; et la puissance souveraine ne peut jamais être un attribut de la royauté.

Si un peuple, éclairé sur ses intérêts, doit craindre d'accorder à ses représentans des pouvoirs trop étendus, il doit encore plus appréhender de ne pas assez restreindre ceux qu'il délègue à ses rois.

Toute constitution doit avoir pour fin l'intérêt de la nation qui l'adopte. Trop avare envers le prince, elle le laisserait dans l'impuissance de faire régner les lois : mais aussi trop libérale pour lui, elle ne serait qu'un arsenal de mort où il puiserait à son gré des instrumens de destruction contre le peuple imprudent qui l'aurait consenti. Elle doit tracer autour du roi une enceinte qu'il ne puisse jamais franchir. Une constitution doit, ainsi que le dit un écrivain qui ne se fait pas moins remarquer par l'élégante faculté de sa plume que par la pureté de ses principes, une constitution doit être comme l'arche d'alliance où l'on ne pouvait toucher sans être à l'instant frappé de mort. La nation qui a le plus de chances et de garanties de bonheur, est celle qui en adoptant une constitution, a rendu pour ses rois les chutes impossibles.

Il faut que le pouvoir royal renfermé dans de justes limites soit entouré de toutes parts d'institutions fortes qui le repoussent énergiquement dans toutes les invasions qu'il voudrait tenter: alors ce peuple n'aura pas à craindre les chaînes avilissantes de l'esclavage, et il aura dispensé à son monarque tous les moyens d'opérer le bonheur public, sans lui accorder assez de ressources pour le détruire; l'autorité royale, sans moyens d'usurpation, ne pourra plus, surmontant la volonté du peuple, la faire taire et se mettre à sa place. Le roi ne sera plus que le premier sujet des lois et non leur auteur.

Un peuple s'abuserait, qui oserait se reposer du soin de son bonheur sur une constitution perfide qui, loin de le protéger, ne serait pour un tyran qu'une mine féconde qu'il pourrait exploiter au profit du despotisme.

Nous offrons nous-mêmes un déplorable exemple du danger de donner aux gouvernans une trop grande part dans le pouvoir, ou de ne pas se prémunir assez soigneusement contre les dispositions hostiles auxquelles ils pourraient être accessibles.

Dominés par des hommes pour qui le pouvoir absolu est un besoin que des ministres se sont chargés de satisfaire, nous avons été successivement frappés d'un grand nombre d'actes arbitraires et de plusieurs lois dont l'influence hostile, si elles existaient encore long-temps, nous dévouerait à la déconsidération de nos contemporains, comme au mépris de la postérité.

On a reproché aux hommes que leur fureur démagogique ont souillés de la hideuse célébrité du crime, de rêver le despotisme partout où le règne des lois n'avait pas encore fait place aux désordres de l'anarchie. Nous pouvons dire, avec une égale raison, de nos hommes monarchiques auxquels se rattachent aussi pour la plupart des souvenirs révolutionnaires, que, livrés en sens contraire à un délire non moins désastreux que celui qu'ils affectaient alors, ils rêvent la désorganisation sociale et les usurpations de l'indépendance sur le trône, partout où il existe encore des institutions que l'ignoble despotisme n'a pas frappé de son cachet.

Hélas! ce rêve d'où jaillit pour nous le malheur et la mort, devra bientôt finir faute d'alimens. Déjà il ne leur reste plus qu'un petit nombre conquêtes à faire sur nos libertés. Nous leur avons abandonné les plus précieux de nos droits avec une résignation qui, dans son excès, emprunte son caractère distinctif bien plutôt d'une imprévoyante faiblesse que d'une vertueuse modération. Fatigués de nos longues erreurs, dégoûtés de révolutions qu'ont ensan-

glantées des manœuvres que nous ne signale-
rons pas, mais sur lesquelles l'histoire, dégagée
de l'influence qui nous domine, pourra, quelques jours, porter un flambeau délateur, nous
avons fait à l'amour de la paix des sacrifices
dont nous expierons inévitablement l'impru-
dence par des regrets aussi tardifs qu'ils seront
stériles.

Nous avons remis le dépôt de nos libertés à
des ministres que déjà l'histoire a jugés, et dont
la perversité connue ne peut nous inspirer que
des craintes. Nous avons renoncé à la plus noble
de nos facultés, celle de penser et d'écrire;
nous nous sommes dépouillés du droit non
moins important de choisir nos représentans,
les défenseurs de nos libertés; nous nous sommes replacés sous le règne odieux des privi-
léges; aurions nous pu faire davantage en fa-
veur d'hommes qui, au lieu de soulever notre
mépris, eussent commandé notre confiance?

Je ne veux point m'ériger en prophète de
malheur; je ne représenterai point la France
malheureuse au-dedans, avilie au dehors, et
marchant avec une effrayante rapidité vers le
terme de son existence ou tout au moins de sa
gloire, je soutiendrai même, si l'on veut, que le
despotisme tenterait en vain de nous refouler

vers l'ignorance et la barbarie ; que , fût-il se-
condé par ses plus redoutables auxiliaires, les
apôtres nés de l'erreur et de l'imposture, les
prêtres, il succomberait dans ses efforts. Si je
m'interdis de sinistres prédictions, je n'en ver-
rai pas moins , dans les fauteurs de la monarchie absolue, de farouches ennemis, qui, l'ame
agitée des convulsions de l'orgueil, de la haine
et de la vengeance, travaillent infatigablement
à dessécher toutes les sources de la prospérité
nationale. N'opposerons-nous qu'une impassi-
ble résignation à leurs criminelles entreprises!

Guidés par le flambeau de l'analyse, nous
avons poursuivi le despotisme jusque dans les
retraites où il se croyait le plus inaccessible aux
regards humains, nous l'avons vu tantôt dé-
guisé sous des dehors philanthropiques, nous
opposer ses bienfaits, et se réclamer de notre
reconnaissance , tandis que nous ne lui devons
que notre exécration ; d'autres fois , se présentant comme une émanation de la divinité,
prétendre intéresser à sa défense toutes les
forces du ciel et de la nature entière, lorsque
le ciel et la nature le repoussent avec horreur ;
enfin, s'enveloppant de la légitimité comme
d'une égide impénétrable , vouloir s'en
faire contre nous une nouvelle robe de Dé-

janire qui 'porte la combustion dans tous les membres, non de celui qui l'endosse, mais de celui qui ose y attacher ses regards, pour en connaître le tissu ; et la légitimité n'est qu'un mot sans idée.

Qu'il abandonne enfin ce cortége imposteur d'idées philanthropiques ou surnaturelles, qui ne peuvent abuser que des esprits faibles ou crédules : qu'il renonce aux honneurs de la légitimité, et qu'il se range sous la modeste dénomination de droit du plus fort, la seule qui lui convienne. Nous ne nous dissimulons pas maintenant qu'ouvrage de la force, une force supérieure peut le détruire. De quelques prestiges qu'il s'entoure, il ne peut prétendre nous faire plus long-temps illusion.

Ne nous refusant plus au sentiment de notre propre dignité, nous ne résistons pas à croire que toutes les puissances morales qui se partagent l'empire de la terre, n'émanent que de l'homme ; qu'elles ne reconnaissent que lui pour auteur, et que sa volonté est le seul comme le plus inébranlable fondement sur lequel elles puissent reposer.

La royauté comme le sacerdoce est un arbre qui ne croît que sur la terre, et ne se conserve que sous l'influence de notre confiance et de notre amour. Vainement donc nos prêtres et nos rois prétendraient tenir du ciel un caractère surnaturel. Nouveaux Prométhées, nous n'empruntons point des régions célestes le feu qui anime le limon dont ils sont formés. Nos cœurs seuls en leur érigeant des autels, peuvent les élever au rang des divinités ; mais s'ils ont démérité de nous ce tribut d'amour et de respect, ils tombent au niveau des autres hommes, et par là nous révèlent le secret de leur faiblesse. C'est alors que nous pouvons étendre aux rois ce que Voltaire a mis dans la bouche de Sémiramis, en parlant des prêtres, et dire :

Non les *rois* ne sont point ce qu'un vain peuple pense;
Notre crédulité fait toute leur *puissance.*

IMPRIMERIE DE MAD. JEUNEHOMME-CRÉMIÈRE, RUE HAUTEFEUILLE, N° 20.

www.ingramcontent.com/pod-product-compliance
Lightning Source LLC
Chambersburg PA
CBHW061420060726
47597CB00003B/1108